AF298309

CÉLÉBRITÉS CONTEMPORAINES

RANC

PAR

HECTOR DEPASSE

PARIS

A. QUANTIN, IMPRIMEUR-ÉDITEUR

7, RUE SAINT-BENOIT, 7

1883

RANC

PAR

HECTOR DEPASSE

PARIS

A. QUANTIN, IMPRIMEUR-ÉDITEUR

7, RUE SAINT-BENOIT, 7

1883

On ne pourrait reprocher Gambetta
de ... être bourgeois, on ne saurait ...
de son enthousiasme, sortir de la ...
... de ... être ... et
... pour cette flamme qui ...
... que ... les ... et la
...

H. Rany

Le janvier 1883

ARTHUR RANC

Imp A. Quantin.

RANC

UAND on examine l'histoire. de sa vie, M. Ranc produit un double effet, que produisent assez ordinairement les hommes de son caractère et de sa trempe : tandis qu'il offre à ses amis une figure extrêmement vive, originale, droite et claire, et presque trop rude à force d'être correcte, il semble avoir pour la généralité du public une physionomie effacée et légèrement mystérieuse.

Il a prêté à beaucoup d'avis contraires et de sentiments dissemblables. On ne sait pas toujours par où le prendre et comment le définir. Il échappe, il se dérobe, il parle peu ; et, quand on se permet de l'interroger, il aime fort à ne pas répondre, ou bien il répond par un de ces coups de boutoir qui coupent net la conversation.

Il tient son monde à distance : dans un temps prodigue en embrassades et poignées de main, il enfonce volontiers ses mains dans ses poches. Il a cet art très politique de savoir faire régner autour de sa personne une sorte de zone militaire qu'il est donné à peu d'amis de franchir. On ne s'aventure pas sans quelque appréhension à travers ces glacis déserts et dénudés, qui semblent aboutir à un large fossé, borné lui-même par un mur d'enceinte muet et abrupt. C'est dans l'intérieur de ce cercle un peu étroit et méthodiquement fermé que se tient l'homme. Quand on a le courage et la chance d'arriver jusqu'à lui, on le trouve d'une profonde et réelle bonté, d'un cœur chaud et d'une sûreté à toute épreuve ; mais il faut y arriver, et ce n'est pas commode.

Adorateur passionné de Paris et du boulevard

parisien, M. Ranc traverse vivement les carrefours et passages de la ville qu'il porte tout entière dans son cœur. Il aime Paris d'un amour exclusif, il ne pourrait vivre ailleurs. La vie hors de Paris n'est plus pour lui qu'une privation de la vie. « Être à Paris, a dit quelqu'un, c'est être dans le sens absolu ; être ailleurs, c'est être à certains égards seulement. » Pour M. Ranc, c'est bien autre chose encore : être ailleurs, c'est cesser d'être.

Il n'est pas voyageur, quoiqu'il ait été obligé de voyager souvent. Ni les langues étrangères ni les régions étrangères n'ont d'attrait pour lui. Il a la conviction arrêtée qu'il est possible, avec quelques écrivains choisis de France et sur l'étroite bande de notre planète qui va de la Madeleine à la Bastille ou de l'Observatoire aux buttes Montmartre, qu'il est possible, dis-je, d'accumuler toute la somme d'expérience et de savoir qui est dans les moyens d'un homme moderne. Ce n'est pas lui qui poursuivra les idées, l'esprit et les images d'une extrémité à l'autre de l'univers, sans les rencontrer. Dans ce cadre inépuisablement varié et changeant de Paris il trouve tout ce qu'il faut pour la nourriture de son être intellectuel, et il le nourrit des mets les plus substantiels et les plus délicats. Rien ne lui manque, pourvu qu'il soit ici. Il respire dans l'air des parfums, des effluves et toutes sortes de sensations subtiles et raffinées qui ne se produisent que pour les amoureux jaloux et violents de Paris. Ces hommes-là savent le monde et la nature sans être sortis de la rue qui les a vus naître. Cependant il n'est pas flâneur; s'il s'arrête un moment, il repart tout d'un coup comme une flèche. A peine l'a-t-on aperçu, qu'il est déjà loin, envolé, évanoui. On dirait que l'asphalte a pour lui des trappes secrètes où il disparaît à son gré.

Cette nature morale est faite de discrétion, de réserve, de fierté; avec cela une volonté qui ne faiblit jamais, un cœur qui ne s'égare pas. M. Ranc paraît un de ces hommes rares qui se possèdent pleinement et qui se gouvernent du soir au matin sans fatigue. Il tient toujours toutes ses facultés en bride, ramassé sur lui-même avec une concentration soutenue. Dans l'intimité, avec quelques vrais amis discrets, sa conversation s'anime et pétille, familière et rude, semée de mots à l'emporte-pièce, de renseignements curieux et précis sur les hommes et les choses de son temps. Il n'y a guère de contemporains de M. Ranc qui puissent avoir des secrets pour lui. Il les connaît à fond, d'où ils viennent et où ils vont; il ne sait pas seulement leur histoire, il sait leur cœur et leur conscience. Dans l'histoire agitée et changeante de ces vingt dernières années, rien ne lui a échappé. Événements et personnages, monde littéraire, artistique, politique, des Chambres ou du théâtre, tout a sa place marquée et son étiquette distincte dans la mémoire de M. Ranc. En vérité, cet homme sait tout. Et il n'en profite point pour médire, pour se répandre en ces bavardages frivoles qui sont l'occupation quotidienne de plusieurs; mais il a des réponses décisives à tous les mensonges, à tous les sophismes, et personne n'est armé comme lui pour remettre en leur place et à leur rang les vaniteux et les ambitieux. Aussi est-il un adversaire terrible, comme il est éminemment bon, humain et probe. M. Ranc est un homme de cœur et de sens, d'esprit et de style : quatre grandes qualités.

Depuis ses origines il a été, il demeure et il sera jusqu'à la fin journaliste, toujours à l'avant-garde de la polémique, vif et alerte, redoutable par sa phrase incisive et pénétrante.

Il ne peut pas lancer dans la mêlée des partis
un article, sans qu'il s'y trouve un de ces traits
qui portent au point précis où il faut frapper,
un de ces mots justes et forts, qui aussitôt cou-
rent la presse et deviennent le point de départ
d'une polémique universelle. Quand on parlait
de la dictature de Gambetta, c'est lui qui répon-
dit : C'est vrai, c'est la dictature de la persuasion !
Quand une certaine école de politiques qui tien-
nent la république, la démocratie et la Révolution française pour le moindre de leurs soucis,
s'en va de tous côtés réclamant la liberté, la
liberté sans définition et sans principes, divi-
sant le monde en deux classes : les libéraux
qui sont eux, et les autoritaires qui sont les autres, M. Ranc leur répond: Nous connaissons
cette guitare ! La presse hostile à la république
a prétendu que M. Ranc avait appelé la liberté
une vieille guitare. Rien n'était plus faux et men-
songer. Ce n'est pas la liberté, c'est la tactique,
c'est la manœuvre de certains libéraux qu'il
avait qualifiée de ce nom irrespectueux. La ca-
lomnie n'en a pas moins fait son chemin. Chaque fois qu'on parlera de M. Ranc, on dira,
pour caractériser son tempérament politique,
qu'il a traité la liberté de vieille guitare.

C'est le danger de ce style bref et mordant :
il est si facile d'en extraire quatre mots qui
forment balle et de les renvoyer à leur auteur.
Personne plus que M. Ranc n'a l'emphase en
mépris : les vagues déclarations ampoulées lui
causent une invincible répulsion. Il va droit
au fait et à l'homme, enlève les masques et
manque absolument de respect pour les puis-
sances de ce monde, quelles qu'elles puissent
être, pour les écoles, les académies, les for-
mules et les formes. Il poussera la sincérité de
la phrase et la loyauté de la langue jusqu'à la
sécheresse et la nudité. Vraiment, c'est un lettré
et des plus fins, critique, romancier, journaliste, mais sa littérature est toujours le vêtement
de principes inflexibles. Romans, critique littéraire, article de journaux, tout a pour but la
république et la démocratie. M. Ranc ne sera
jamais d'une association qui a pour objet de
protéger les intérêts matériels de la littérature.
Il n'écrit que pour son parti et pour la patrie,
pour la gloire et pour la liberté. Il a cette haute
et exquise conscience de l'écrivain d'autrefois,
qui se croit amoindri et humilié s'il tire de sa
plume plus que le strict nécessaire. Il se moque
de la propriété littéraire, il a en horreur la con-

currence des œuvres de l'esprit. Assimiler un livre à un champ ou à une maison lui semble déshonorant pour le livre. Il est moins orateur qu'écrivain : député et homme politique, il ne recherche pas la tribune ; s'il lui arrive d'être obligé de prendre la parole, il s'en sert alors comme de sa plume, brièvement, simplement, sans phrases. Plus qu'orateur et journaliste, il est encore homme d'action. Conspirer contre le despotisme, abattre un gouvernement tyrannique ou déjouer les conspirations qui se trament bientôt contre la liberté établie sur les ruines de la tyrannie abattue, voilà son fort et surtout voilà sa réputation. Aussi vous voyez les journaux en quête de nouvelles invraisemblables annoncer à intervalles réguliers que M. Ranc est nommé préfet ou ministre de la police. Cet ensemble de qualités et de facultés a fait que M. Ranc a été le journaliste le plus calomnié, le plus atrocement dénoncé et poursuivi par la presse de l'ancien régime. Toujours à l'avant-garde et même hors du rang, marchant de son allure propre, il est exposé à tous les coups. Il occupe dans la politique une situation originale qui est bien à lui, où seul il pouvait réussir sans se compromettre irrémédiablement. Il a gardé son indépendance, même à l'égard de ses amis les plus chers, ce qui est rare. Membre fidèle d'un certain groupe et devenu président de ce groupe, il conserve précieusement certaines idées personnelles qui vont en deçà ou au delà de la ligne généralement adoptée. Mais Il y introduit une discrétion et un tact qui sauvent tout. Il ne renonce pas à ces idées qui lui sont personnelles, mais il en ajourne l'expression ; il serait bien fâché d'en tirer quelque profit vulgaire de vanité et d'originalité douteuse. Ne dussent-elles pas trouver, dans tout le cours de sa vie, un commencement d'application, il les conservera pour lui-même, sans impatience , sans ambition de propagande, comme l'aliment et le soutien de son honneur intellectuel et de sa vie morale. C'est comme une petite et vive lumière, qu'il abrite dans le creux de ses deux mains pour que les yeux des autres n'en soient point blessés. Il ne la montre pas, il ne l'affiche pas ; ses amis les plus proches peuvent en ignorer la présence, s'ils n'ont pas déployé toutes leurs facultés d'investigation ; mais cette petite lumière éclaire toute sa vie et guide tous ses pas.

M. Ranc jouit d'une grande autorité dans

son parti et parmi ses amis. On aime à con-
sulter sur les points délicats de la politique
son esprit droit et résolu. C'est un des principes de la science expérimentale qu' « on ne
peut vaincre la nature qu'en lui obéissant »,
c'est-à-dire en se conformant à ses lois; de
même on ne conduit les hommes qu'en leur
faisant maints sacrifices de ses idées propres.
Ce serait donner un tour paradoxal à cette
vérité profonde que de dire qu'on ne mène les
hommes qu'en les suivant; mais c'est la vérité
toute simple qu'on ne les conduit à un but
supérieur qu'à la condition de leur céder sur
les points particuliers, qu'à la condition de se
mettre à leur pas et d'aller par les chemins
qu'ils préfèrent vers le but qu'on poursuit et
qu'ils ne voient point. L'influence politique
ne peut s'acquérir qu'à ce prix. On ne sait pas,
la plupart du temps, de combien de renon-
cements intérieurs, de quelle vertu de détache-
ment de soi-même, d'abnégation et de sacrifices se forment ces autorités et ces influences
dominantes qu'on accuse de s'imposer outre
mesure. Il faut s'estimer heureux et l'on n'a
pas perdu sa vie, si l'on peut faire accepter
une seule idée bonne en sacrifiant dix idées

excellentes. Ce n'est pas autrement que peut
s'élever un grand parti, une force politique
capable d'organisation et de gouvernement
dans une démocratie libre. Ceux qui ne savent
pas céder, se mettre au point des circonstances
et des hommes, ne dirigeront pas ; ils mour-
ront inutiles à leur pays, sans action sur
leur temps, malgré l'énormité de leur effort.
M. Ranc possède au plus haut degré cette vertu
politique, qui fait qu'on renonce aux trois
quarts de son idéal pour obtenir la réalisation
du dernier quart. C'est ainsi qu'il a mérité
d'être parmi les hommes rares qui inspirent et
conduisent leur parti et l'opinion.

Son éducation politique a été longue et dure.
Il nous en raconte lui-même les origines dans
le Roman d'une conspiration. « Quand j'étais
tout petit, j'habitais avec mes parents à Poitiers, place du Pilori... C'était, comme son
nom aimable l'indique, la place où les con-
damnés étaient exposés publiquement, attachés
au carcan. C'était là aussi qu'on exécutait. Jus-
que sous la Restauration, l'échafaud s'y est
dressé. Le général Berton y a été guillotiné en
1822. On m'a montré souvent, dans mon enfance, l'endroit même où cette tête courageuse

est tombée. Tout à côté était la sombre maison habitée par M. le procureur général Mangin, qui avait requis la mort contre le général Berton et ses coaccusés. » En dépit de ces souvenirs, « la pauvre petite place du Pilori était presque gaie. On y était comme à la campagne. Le soir et le matin, les bons bourgeois s'y promenaient en robe de chambre, le long d'une belle allée de tilleuls... Les élèves de l'école mutuelle, à la sortie de la classe, traversaient bruyamment la place, se poussant, se bousculant et poussant des cris sauvages qui me remplissaient d'admiration. Un jour j'assistai à une belle bataille. Les élèves de l'école, les mutuels, comme on les appelait, s'étaient pris de querelle avec leurs voisins, les jeunes disciples des frères ignorantins. On s'était donné rendez-vous sur la place et les pierres volaient, que c'était un plaisir. Moi, qui avais l'horreur instinctive de la soutane, j'avais pris sans hésiter parti pour l'école laïque. » C'est ainsi que M. Ranc débuta dans la vie, sous l'œil sévère d'un père qui, matin et soir, piochait des dossiers dans son cabinet, à côté d'un vieux prêtre de la Révolution, qui avait quitté la soutane, puis l'avait reprise au Concordat, toujours révolutionnaire et libre penseur, grand lecteur de Voltaire et de d'Holbach. Un ou deux voisins, républicains, admirateurs de 89 et de 93, furieux ennemis de Napoléon, complétaient l'entourage où l'intelligence du jeune Ranc s'est ouverte aux premières idées de la politique et de l'histoire.

Né le 20 décembre 1831, ayant achevé ses études au collège de Poitiers, M. Ranc arriva à Paris, à dix-huit ans, en 1849. Il ne tarda pas à se jeter dans le mouvement républicain et démocratique et il se mêla à ce groupe des écoles, où l'on remarquait Jules Vallès, Chassin, Arthur Arnould, Castagnary ; les jeunes amis allaient faire à l'empire une guerre de vingt années qui se terminerait par leur victoire. Au 2 décembre, M. Ranc fut parmi les combattants de la République. Il échappa aux proscriptions, brave autant qu'habile et déjà plein de ressources diverses pour échapper aux poursuites de ses ennemis et déjouer les embûches de la police. En 1853, nous le retrouvons étudiant en droit et élève de l'École des chartes. Il n'en continuait pas moins de prendre sa part de toutes les manifestations démocratiques. Il joua un rôle actif dans le double complot de l'Hippodrome et de l'Opéra-Comique, passa en cour d'assises et fut acquitté. Mais, retenu en prison pour délit de société secrète, il fut condamné par la police correctionnelle à un an de prison. Il passa cette année à Sainte-Pélagie, où il rencontra Delescluze qui allait partir pour Cayenne. De là datèrent des relations qui se prolongèrent jusqu'à la mort du vieux et sombre patriote. A sa sortie de prison, M. Ranc reprit ses études et les travaux littéraires qui le faisaient vivre. Il collabora au dictionnaire de géographie de Bescherelle, dont il dirigea un moment la rédaction.

Les complots, les attentats se succédaient. Le 8 septembre 1855, Napoléon III se rendait à la représentation de clôture de la troupe italienne au théâtre Ventadour. Un ouvrier cordonnier, Bellemarre, fou ou idiot, dit-on, qui avait été enfermé à Bicêtre, à Sainte-Pélagie et ailleurs, personnage obscur dont on ne sait ni les origines ni la fin, tira un coup de pistolet dans la rue Marsollier sur la berline occupée par les dames d'honneur de l'impératrice. « Cela se passait à neuf heures, dit M. Ranc ; à minuit, j'étais arrêté. A la même heure on arrêtait un ouvrier cordonnier, Pascal Lange, qui, lui aussi, avait connu Bellemarre à Sainte-Pélagie. Lange fut interrogé une fois par M. le juge d'instruction Brault, puis il n'entendit plus parler de rien; moi, je ne fus pas interrogé du tout. J'étais du reste fort tranquille, n'ayant absolument rien fait qui pût me compromettre, et certain que Bellemarre était incapable de porter contre moi une accusation fausse. En effet, plus tard, lorsque j'allai en Afrique, un de mes gendarmes me montra ma feuille signalétique, et j'y vis qu'on me reprochait seulement d'avoir connu les projets de Bellemarre. »

Au bout de trois mois, M. Ranc fut mandé à la préfecture, et il apprit que, vu le décret du 8 décembre 1851, vu le jugement du tribunal correctionnel qui l'avait condamné précédemment à un an de prison pour société secrète, il allait être transporté à Cayenne. Cependant, grâce aux démarches d'une femme dévouée, parente de la mère de M. Ranc, Cayenne fut changé en Lambessa. « Je lui en fus profondément reconnaissant, dit M. Ranc, surtout pour les miens, dont la douleur et les inquiétudes étaient ainsi allégées de moitié; car, pour moi, j'ai la vie dure, et j'ai idée que je me serais tiré de Cayenne comme de Lambessa. »

Son arrivée à Lambessa, et dans quel état !
ses misères gaiement supportées, ses espérances,
ses projets de fuite et son évasion, M. Ranc a
raconté lui-même cette odyssée dans une brochure qui a paru en 1871, à Bruxelles, sous le
titre : *Une évasion de Lambèse, souvenirs d'un
excursionniste malgré lui.* Sur cent cinquante
transportés, qui, dans l'espace de six ou sept
ans, avaient tenté l'entreprise, une dizaine tout
au plus avaient réussi. M. Ranc avait une
chance de plus que les autres : sans compter
son habileté, la profondeur de ses calculs, la
vigueur de ses membres, il avait ce qui constitue le nerf même de l'évasion : de l'or. « J'étais
parvenu, dit-il, à apporter à Lambèse mille
francs en or. Mille francs en or ! Et pourtant
combien de fois et avec quel soin j'avais été
fouillé depuis Paris jusqu'à Batna, depuis la
grande Roquette jusqu'au greffe de Lambèse !
J'avais inventé, pour sauver ces bienheureux
mille francs, un procédé d'une triomphante
simplicité. La première fois, je ne l'essayai
qu'en tremblant. Je me croyais pris. Pas du
tout, réussite complète ! Je ne dirai pas ici
comment je m'y prenais. Le système est trop
bon pour être divulgué. Il pourra encore ser-

vir. On ne sait pas ce qui peut arriver. Il suf-
fira de savoir que l'idée m'en avait été sug-
gérée par *la Lettre volée,* d'Edgar Poe. Mettre
en pleine lumière et sous le nez même de ceux
qui me fouillaient l'objet qu'il s'agissait de
soustraire à leurs recherches ; voilà le principe.
L'application était délicate ; il fallait un bon-
heur constant ; le moindre hasard pouvait me
trahir ; la chance ne me fit pas défaut. Mon petit
manège n'avait pas échappé au vieux forçat,
mon compagnon de route ; il m'admirait fort.
— Ah ! monsieur le politique, me répétait-il
chaque fois que je venais d'échapper à une
perquisition : c'est joliment travaillé ! Mais,
méfiez-vous, il ne faut qu'un coup pour être
pincé. Ce vieux diable avait une honnêteté à
lui. Il me garda le secret et ne me dénonça
pas. »

M. Ranc raconte ensuite comment il avait
formé d'abord le dessein de partir seul, comment il jugea meilleur, après réflexion, d'avoir
des camarades, comment il sut découvrir du
premier coup d'œil deux hommes sûrs et ré-
solus : un instituteur du département de la
Nièvre, nommé Sourd, et Balland, un peintre
en décors du département du Cher. Jusqu'alors,

toutes les précédentes évasions s'étaient faites de Lambèse vers Tébessa et Tunis. M. Ranc dit : Ne faisons pas comme les autres. Pendant qu'on nous cherchera dans la direction de Tunis, allons tout simplement nous cacher dans la prison du commissaire de police. C'est Constantine qu'il voulait dire. De Lambèse à Constantine la route est facile; de Constantine, avec un bon passeport, n'est-il pas possible d'aller s'embarquer comme de bons bourgeois à Bone ou à Alger? Le plan ne s'exécuta pas absolument comme M. Ranc l'avait conçu, car qui peut se promettre, en de telles affaires, de réussir dans tous les détails, dont chacun est d'un prix infini et contient la destinée de l'entreprise entière? Cependant les amis arrivèrent à Constantine, de là à Souk-Harras et à Bone, où ils s'embarquèrent pour Tunis. Le récit de cette évasion dans la brochure de M. Ranc est admirable de bonhomie, de simplicité et de douce ironie dans les plus cruelles souffrances. Il y a surtout l'histoire héroïque d'une paire de souliers trop étroits qu'il accepte pour ne pas faire de peine au cordonnier, le vieux républicain Petremann, condamné en 1839 avec Barbès et Blanqui. Ou prendre des

souliers impraticables pour une marche forcée,
ou blesser le cœur tendre de Petremann : il
n'y avait pas de milieu. M. Ranc mit les souliers ; il faillit en mourir ; il en fut quitte, en
définitive, pour la perte de tous les ongles du
pied droit à son arrivée à Constantine.

Ce qui frappe le plus dans cet émouvant récit, c'est d'abord la profonde connaissance des
hommes, le don que paraît avoir M. Ranc de
s'en faire immédiatement des amis, et puis la
mise en œuvre des moyens les plus simples,
les plus élémentaires, avec un tour de main
qui leur communique une suprême puissance
et en tire de prodigieux effets ; leur auteur en
parle très simplement, car il les a prévus et
calculés, il connaît les effets et les causes. En
politique, non pas seulement dans une entreprise d'évasion, mais dans la conduite générale
des hommes et des affaires, ce sont là des facultés maîtresses et des méthodes de la plus
haute portée. Nul doute qu'elles n'aient exercé
une action décisive sur toute la marche de
l'existence de M. Ranc et qu'il n'en ait obtenu
des résultats importants dans la plupart des
circonstances difficiles de sa vie.

Le 24 août 1856, deux mois jour pour jour

après leur départ de Lambèse, les trois amis, à âne et à cheval, firent leur entrée solennelle dans la ville de Tunis. « C'est ainsi qu'un étudiant, un instituteur et un peintre, tous trois transportés sans jugement, eurent l'ineffable plaisir de tirer leur révérence aux geôliers de M. Bonaparte. » De là, M. Ranc gagna Gênes et la Suisse, où il accepta pour vivre le poste de directeur des études dans un pensionnat, à Cully, près de Genève.

Rentré en France après l'amnistie de 1859, il fut d'abord correcteur au journal *l'Opinion nationale*. Il ne tarda pas à devenir l'un des journalistes les plus féconds et les plus variés de Paris, l'un des plus redoutés de l'empire. Il collabora au *Courrier du Dimanche*, au *Nain Jaune*, au *Journal de Paris*, à la *Cloche*, au *Réveil*, et prit part à la fondation du *Diable à quatre*. Il excella dans cette guerre de plume, qui, sous toutes les formes de la polémique et de l'ironie, de l'allusion, de l'anecdote, des contes en l'air, avait en moins de dix ans émietté le colosse de l'empire et si bien préparé la ruine du régime de Décembre, qu'il ne semblait plus pouvoir tenir quand éclata la guerre avec la Prusse.

Dans ce journalisme si essentiellement français et parisien, M. Ranc fut Français et Parisien entre tous. L'un a eu plus d'imagination et une verve plus entraînante ; l'autre, plus de finesse et de subtilité ; M. Ranc a sa force propre, méthodiquement contenue, froide, sérieuse et incisive. Il ne cherche pas ses effets, il ne fait pas de longs préparatifs d'imagination pour lancer à la fin le trait mortel. Il dit simplement et immédiatement le mot terrible et juste. Il a montré surtout que cette guerre d'ironie n'était pour lui qu'un moyen, qu'une arme mise au service de la liberté, et non pas le but d'une vie entière et l'occupation exclusive de ses facultés sous tous les régimes et dans tous les temps.

Il fut condamné à quatre mois de prison pour un article sur les insurgés de juin publié dans le *Nain Jaune*. Il fit ces quatre mois de prison à Sainte-Pélagie, d'octobre 1867 à février 1868. C'est là qu'il conçut le plan de son *Roman d'une conspiration*, qui parut dans le journal le *Temps*. « Ce récit, dit M. Ranc dans son introduction, est vrai pour la plus grande partie. Les conspirateurs dont je raconte les luttes ignorées et le dévouement inutile ont vécu, les mouchards dont on trouvera ici les portraits fidèles ont été bien et dûment numérotés au ministère de la police générale... J'ai été mis en possession de curieux documents par deux des survivants de la société secrète des *Frères bleus*... » Cette société eut un instant pour chef le général Malet ; elle avait des affiliés dans toutes les classes de la société, elle en avait même parmi les plus hauts personnages de l'empire. C'est du premier empire qu'il s'agit. M. Ranc explique de la manière la plus saisissante quelle était la situation de l'empereur Napoléon Ier vers 1813; il n'avait pas seulement poussé à bout le monde entier, mais ses officiers, ses généraux et ses serviteurs les plus proches. C'est alors que le maréchal Ney proposait de l'interdire et disait au duc de Vicence : « Quand je dis interdire, j'entends tout. » Napoléon disait lui-même au duc de Rovigo : « Je suis à la merci du chef de bataillon qui est de garde à ma porte.» Cet état des esprits à ce moment explique la conspiration des *Frères bleus* racontée par M. Ranc.

Au 4 septembre 1870, M. Ranc était au premier rang des républicains à qui la force impérieuse des choses et le mouvement de l'opinion imposaient la responsabilité de prendre le gou-

vernement de la France. Il fut d'abord maire
du IXe arrondissement, mais sa place natu-
relle était auprès de Gambetta, dans la grande
œuvre de l'organisation de la défense. Il était
l'un des amis les plus anciens de Gambetta.
Dès le grand éclat du procès Baudin, il n'avait
cessé de tenir l'œil constamment fixé sur le
jeune tribun ; il disait : « Celui-là ne trahira
pas comme Ollivier. » Il sentait en Gambetta
une force capable de faire la révolution. On ne
pouvait encore prévoir comment elle se ferait.
Elle pouvait se faire de plusieurs manières :
elle se fit de la manière la plus affreuse pour
la France et la plus inutile pour la République
elle-même. M. Ranc partit de Paris en ballon,
le 14 octobre, et rejoignit Gambetta. Il fut nommé
directeur de la sûreté générale. Il employa les
faibles moyens dont il disposait à surveiller,
d'une part, les mouvements de l'ennemi et, de
l'autre, les menées des orléanistes et des légiti-
mistes, qui croyaient voir le moment s'appro-
cher où il leur serait possible de remettre la
main sur le pays. Il organisa un service de
renseignements militaires à l'aide duquel le
gouvernement put envoyer au général Trochu,
vers la fin de 1870, un état exact des forces alle-

mandes autour de Paris. Il fit arrêter le prince
de Joinville à peine débarqué et, sans reprendre
haleine, le reconduisit lui-même à Saint-Malo
et le remit en mer de la façon la plus expéditive
et la plus courtoise. La haute ironie de la main
de fer sous le gant de velours ne fut jamais
plus vraie.

A l'armistice, il fut élu représentant de la
Seine, le dix-septième sur une liste de quarante-
trois : il avait obtenu 126,533 suffrages. Il avait
déclaré à l'avance qu'il réglerait sa conduite
sur celle des représentants de l'Alsace-Lorraine.
Il vota contre les préliminaires de paix et donna
sa démission. De Bordeaux, il se rendit à Rozan,
où il passa une quinzaine de jours. Pendant ce
temps, Paris, exaspéré par le siège, en proie à
tous les sentiments les plus violents de l'angoisse
patriotique, de l'horreur de la veille et de l'in-
quiétude du lendemain, ne voyait que du noir
tout autour de lui. L'avenir semblait bouché.
On ressentait une sensation d'écrasement indi-
cible. On vaguait, comme ivre et fou, dans la
nuit. Partout couvait un feu sombre : l'incendie
éclata le 18 mars. C'est le 18 mars au soir que
M. Ranc, quittant son repos de Rozan, reprenait
la route de Paris. A Orléans, il apprend ce qui

s'est passé dans la capitale. Tous les noms des
membres du comité central lui étaient inconnus.
Il poursuit son voyage et tombe dans ce Paris
méconnaissable, où tout lui semblait étran-
ger.

Alors commença pour M. Ranc une vie terrible. Il a dit lui-même, dans une lettre adressée
de Bruxelles à la *République française*, le 27
juin 1873, plus tard publiée en brochure sous
le titre *Pendant la Commune*, comment il entra
dans la Commune, ce qu'il y fit, comment il
s'en retira. Ce n'est pas une apologie, mais
l'exposé le plus simple des faits les plus certains. Le 19 mars, quand il arriva dans son
ancien arrondissement, il trouva les bataillons
fédérés et les gardes nationaux massés autour
de la mairie, prêts à en venir aux mains à chaque
moment. Il essaya de fonder un comité de conciliation et le 21 mars, avec quelques amis
dévoués, il publia dans les journaux un appel
ainsi conçu, hautement approuvé par le journal
le *Temps* : « Le scrutin seul peut mettre un
terme à une lutte qui serait autrement sans
issue. Le scrutin seul peut calmer les esprits,
pacifier la rue, raffermir la confiance, assurer
l'ordre, créer une administration régulière,

conjurer enfin une lutte détestable où dans des flots de sang périrait la République. »

Quelques jours après, les maires de Paris, réunis en permanence à la mairie de la rue de la Banque, sous la présidence de M. Desmarets, priaient M. Ranc de se rendre au comité central avec son ami Ulysse Parent, pour obtenir que la date des élections municipales fût d'un commun accord fixée définitivement au 30 mars. M. Ranc échoua dans cette négociation. Rentré chez lui à quatre heures du matin, il apprit le lendemain, comme tout le monde, par les affiches, que les élections étaient fixées au jour suivant, qui était le dimanche 26 mars. M. Ranc fut élu dans le IXe arrondissement par 8,950 voix, c'est-à-dire par l'unanimité des suffrages exprimés. Il avait été porté, sans s'être présenté, sur toutes les listes, y compris celles de MM. Alfred André, Desmarets et Ferry, qui obtinrent de 3 à 4,000 voix. Conservateurs, républicains, tous avaient voté pour lui.

La sortie du 2 avril ayant brisé tous les essais de conciliation, la politique à laquelle M. Ranc s'était dévoué, la dernière politique possible, sombrait. M. Ranc déclara à ses collègues qu'ils devaient le considérer comme démissionnaire. Par délicatesse et par prudence il retarda sa démission officielle jusqu'au 6 : il laissa à son ami Parent le temps de donner la sienne le premier. Élus d'un même arrondissement, ils ne voulaient point avoir l'air de faire une manifestation collective, qui eût pu soulever des représailles sanglantes.

La brochure de M. Ranc sera toujours indispensable pour l'intelligence exacte des choses de la Commune : elle contient, en quelques pages, plus de lumière que de gros volumes. L'animosité de la réaction fut extrême contre lui. Il avait été trop sage. Il avait montré une force de volonté et une telle union de l'extrême hardiesse à la plus rare prudence, qu'on était obligé de voir en lui l'une des plus précieuses ressources de la République. Une immense cabale se forma contre M. Ranc ; toute une meute de journaux fut lancée à ses trousses. On imprima et réimprima tous les jours, pendant des années, ce mensonge qu'il avait signé le décret sur les otages. On lui attribua cette maxime si contraire à tout ce que l'on sait de lui, de son caractère et de ses mœurs, qu'il appela lui-même « maxime imbécile » : On ne discute pas avec ses ennemis

politiques, on les supprime. M. Ranc a fait de
« ces journalistes de sang », comme il les a
nommés, des portraits qui resteront comme de
La Bruyère ou de Balzac. « Pendant huit jours
ils sonnèrent, dans les rues dépavées, au milieu
des ruines fumantes, l'hallali de la chasse à
l'homme. »

Ils poursuivirent M. Ranc pendant des années, tantôt le quittant de lassitude, tantôt
reprenant sa trace avec plus de fureur. C'est
que la proie était belle et difficile. Aux élections
du 2 février, M. Ranc avait obtenu un nombre
de voix considérable dans son arrondissement,
l'un des plus conservateurs de Paris. Il était rédacteur de la *République française* où il publia en
1872 son roman *Sous l'Empire, Mémoires d'un
Républicain.* Élu membre du conseil municipal
de Paris le 30 juin 1871, député du Rhône le
11 mai 1873, il occupait dans le parti républicain une place considérable : l'affection de ses
amis et l'estime publique faisaient autour de
lui un cercle difficile à entamer. Cependant,
après le renversement de M. Thiers, la réaction
se crut tout permis. Elle pensa que le moment
était venu de mettre la main sur le ferme et
intègre républicain; c'était atteindre le parti à

la tête et au cœur. M. le général Ladmirault,
gouverneur de Paris, adressa à l'Assemblée
nationale une demande en autorisation de
poursuites contre M. Ranc ; le garde des sceaux,
M. Ernôul, un Poitevin, un ami d'enfance de
M. Ranc, la présenta ; M. Raoul Duval la
soutint, M. Baragnon en fit le rapport. L'Assemblée vota les poursuites le 19 juin 1873 et
le troisième conseil de guerre prononça la con-
damnation à mort le 13 octobre.

M. Ranc s'était retiré en Belgique, d'où il
continua à collaborer à la *République française*.
Il soutenait depuis longtemps contre M. de
Cassagnac une polémique ardente, qui se ter-
mina par un duel à Essanges sur la frontière
du Luxembourg (7 juillet), où les adversaires
furent blessés tous deux. En 1877, il publia,
sous les initiales de son père O. Ranc, un ou-
vrage intitulé de *Bordeaux à Versailles,* où
se trouve retracée toute l'histoire politique de
cette époque. Compris dans l'un des premiers
décrets d'amnistie signés par M. Grévy en 1879,
il rentra en France et revit ce Paris qu'il adore,
ce Paris qu'il a perdu et retrouvé tant de fois
dans les tourmentes de sa vie orageuse, ce Paris
qu'il invoque en tête de ses livres, auquel il

dédie ses ouvrages ! « Paris, ville de lumière, d'élégance et de facilité, c'est chez toi qu'il est doux de vivre, c'est chez toi que je veux mourir ! » dit M. Ranc après Sainte-Beuve.

Invité à plusieurs reprises à se présenter aux suffrages de ses concitoyens, à Paris, à Lyon, ailleurs encore, il refusa jusqu'aux élections générales de 1881. Il se borna à écrire à la *République française*, puis à la *Petite République française*, dont il devint le rédacteur en chef, et au *Voltaire*. Ses articles, toujours remarqués, faisaient sensation. Ses mots, ses jugements politiques étaient cités et discutés. Élu député par le IXᵉ arrondissement de Paris au scrutin de ballotage du 4 septembre 1881, il a été nommé président du groupe de l'Union républicaine à la rentrée de 1883.